LOI DU 26 JUIN 1888

RELATIVE AU

RECRUTEMENT DES SOUS-LIEUTENANTS

DE RÉSERVE

PRÉCÉDÉE

DU RAPPORT ET DU DÉCRET

RELATIFS A

L'AVANCEMENT DES OFFICIERS DE RÉSERVE

SUIVIE DE

L'INSTRUCTION POUR L'APPLICATION DE CETTE LOI

DU RÈGLEMENT DU 9 NOVEMBRE 1890

DE LA NOTE MINISTÉRIELLE DU 3 SEPTEMBRE 1891

ET DES

PROGRAMMES

DES CONNAISSANCES EXIGÉES

PARIS

LIBRAIRIE MILITAIRE DE L. BAUDOIN

IMPRIMEUR-ÉDITEUR

30, Rue et Passage Dauphine, 30

—

1892

Rapport *adressé au Président de la République par le Ministre de la guerre, relatif à l'avancement des officiers de réserve de toute provenance.*

Paris, le 25 juin 1888.

Monsieur le Président,

L'article 40 de la loi du 13 mars 1875 dispose que les anciens officiers de l'armée active pourront être pourvus dans la réserve du grade qu'ils possédaient avant leur démission ou leur retraite, et que les autres officiers de réserve ne pourront obtenir, de prime abord, que le grade de sous-lieutenant ; ce même article reconnaît, d'ailleurs, à ces derniers, comme aux anciens officiers de l'armée active, le droit à l'avancement jusqu'au grade de capitaine.

D'autre part, l'article 45 de la même loi ajoute que « le mode et les conditions d'avancement des officiers de réserve seront réglés par des lois spéciales, et qu'il y sera pourvu transitoirement par décret du Président de la République ».

Un décret du 2 mai 1887 est intervenu, en conformité de ces dispositions, pour régler l'avancement des officiers de réserve provenant des anciens officiers de l'armée active ; mais aucune mesure n'a encore été prise à l'égard des officiers de réserve provenant des sous-officiers de l'armée active ou des engagés conditionnels. Or l'influence du décret du 2 mai 1887 sur la composition du cadre de réserve ne peut que rester insignifiante : le nombre des officiers appelés à en bénéficier ne concourt que dans une proportion très restreinte à la composition de ce cadre. Par contre, la partie de beaucoup la plus considérable où l'on peut espérer rencontrer des officiers zélés et capables pour les formations de mobilisation s'empresse, sitôt le moment venu, de passer dans l'armée territoriale, pour y obtenir un avancement qu'on lui refuse dans la réserve.

Pour remédier à cet état de choses, et aussi pour ne pas les priver plus longtemps d'un droit que leur confère la loi, il y a lieu de régler l'avancement des sous-lieutenants de réserve, qui n'ont pas servi comme officiers dans l'armée active, de façon à pouvoir retenir ceux d'entre eux qui offrent toutes les garanties nécessaires au point de vue professionnel, tout en sauvegardant l'autorité du commandement et les droits acquis.

Il paraît, d'ailleurs, superflu de régler par deux décrets distincts la situation de ces deux catégories d'officiers. C'est dans cette intention qu'a été préparé le projet de décret ci-joint, qui, annulant le décret spécial du 2 mai 1887, s'appliquerait aux officiers de réserve de toute provenance.

En conséquence, j'ai l'honneur de vous prier, si vous approuvez ces propositions, de vouloir bien revêtir de votre signature ce projet de décret.

Veuillez agréer, Monsieur le Président, l'assurance de mon respectueux dévouement.

Le Ministre de la guerre,

Signé : C. DE FREYCINET.

DÉCRET *relatif à l'avancement des officiers de réserve.*

Paris, le 25 juin 1888.

LE PRÉSIDENT DE LA RÉPUBLIQUE FRANÇAISE,

Vu les lois des 14 avril 1832 et 5 janvier 1872, sur l'avancement dans l'armée;

Vu les lois du 27 juillet 1872, sur le recrutement de l'armée, du 24 juillet 1873, sur l'organisation de l'armée;

Vu les articles 40, 41 et 45 de la loi du 13 mars 1875, relative a la constitution des cadres et des effectifs de l'armée;

Vu le décret du 31 août 1878, portant règlement sur l'état des officiers de réserve et de l'armée territoriale;

Vu le décret du 2 mai 1887, portant règlement sur l'avancement des sous-lieutenants et lieutenants de réserve sortant de l'armée active;

Sur le rapport du Ministre de la guerre,

Décrète :

Art. 1er. Les sous-lieutenants et lieutenants de réserve de l'infanterie, de la cavalerie, de l'artillerie, du génie et du train des équipages, peuvent obtenir de l'avancement jusqu'au grade de capitaine inclusivement.

Art. 2. Cet avancement est donné exclusivement au tour du choix : il a lieu sur toute l'arme et dans les conditions déterminées aux articles 3 à 9 du présent décret.

Ces dispositions ne sont pas applicables aux officiers de réserve, anciens élèves de l'Ecole polytechnique, placés dans les services civils, dont l'avancement continue à être régi par le décret du 20 mars 1876.

Art. 3. Les officiers de réserve non visés à l'article 2 forment, au point de vue de l'avancement, deux catégories : la première comprend les officiers sortant de l'armée active comme retraités ou démissionnaires; la seconde comprend ceux qui proviennent des engagés conditionnels et des sous-officiers de l'armée active.

Les officiers de réserve de l'une et l'autre catégorie ne peuvent être proposés pour l'avancement que s'ils réunissent les conditions d'ancienneté exigées par la loi du 14 avril 1832 et s'ils ont, en outre, subi avec succès des épreuves analogues à celles qui sont imposées aux officiers de l'armée active du grade correspondant proposé pour l'avancement.

Art. 4. Les officiers de réserve de la première catégorie ne peuvent être nommés à un grade supérieur qu'après tous les officiers de l'armée active qui avaient la même ancienneté qu'eux, ou une ancienneté supérieure au moment où leur radiation des cadres a été prononcée.

Les sous-lieutenants de réserve de la deuxième catégorie ne peuvent être proposés pour le grade de lieutenant qu'après avoir atteint l'époque légale de leur passage dans l'armée territoriale et avoir fait connaître leur désir d'être maintenus dans les cadres de la réserve; ils ne peuvent être promus à ce grade et ultérieurement à celui de capitaine qu'après tous les officiers de l'armée active d'une ancienneté supérieure ou égale à la leur.

Art. 5. L'ancienneté de grade des officiers de réserve est déterminée par la date du décret de nomination à ce grade, soit dans l'armée active, soit dans la réserve.

Art. 6. Le temps passé dans leurs foyers par les officiers de réserve compte pour l'ancienneté de grade.

Le temps passé dans la position hors cadres et le temps de la suspension sont déduits de l'ancienneté.

Art. 7. Les propositions pour l'avancement en faveur des officiers de réserve sont établies, soit du moment où lesdits officiers quittent l'armée active par retraite ou démission, soit ultérieurement à la suite d'une convocation pour le service.

La constatation de leur aptitude a lieu dans la même forme que pour les officiers de l'armée active.

Art. 8. Les propositions ainsi établies sont soumises, chaque année, à la suite de l'inspection générale, à l'examen des commissions régionales de classement.

Les candidats admis par la commission régionale sont classés, par ordre de mérite, sur une liste dressée par grade, pour chaque arme.

Les listes régionales de classement ainsi établies sont adressées au ministre, qui fixe le nombre de candidats à prendre en tête de chacune d'elles; les listes ainsi réduites sont fusionnées par arme et par grade en une liste unique, établie par ordre d'ancienneté, qui constitue le tableau définitif d'avancement.

Art. 9. Les candidats qui figurent sur les tableaux d'avancement ainsi établis sont nommés au fur et à mesure des besoins de chaque arme.

Ils ne peuvent être rayés du tableau d'avancement que dans les mêmes conditions que les officiers de l'armée active.

Art. 10. En temps de guerre, ou lorsqu'ils sont employés hors d'Europe, l'Algérie et la Tunisie exceptées, les officiers de réserve pourront obtenir de l'avancement jusqu'au grade de capitaine, dans les mêmes conditions que les officiers de l'armée active.

Les grades ainsi obtenus ne leur créent aucun droit pour être maintenus dans l'armée comme officiers de l'armée active.

Art. 11. A grade égal, les officiers de l'armée active auront le commandement sur les officiers de réserve ; toutefois, ceux-de ces derniers qui ont déjà servi dans l'armée active conservent les droits au commandement que leur conférait leur rang d'ancienneté au moment où ils ont quitté l'armée.

Les officiers servant dans la réserve avec le grade dont ils étaient pourvus dans l'armée active auront le commandement sur les officiers de réserve de même grade.

Art. 12. Les capitaines de réserve qui n'ont pas été pourvus du grade de capitaine dans l'armée active ne peuvent exercer que temporairement le commandement d'une compagnie, d'un escadron ou d'une batterie.

Art. 13. Tous les ans, le ministre fixe le nombre des capitaines et lieutenants de réserve de chaque arme.

Art. 14. Le ministre de la guerre est chargé de l'exécution du présent décret, qui abroge celui du 2 mai 1887.

Fait à Paris, le 25 juin 1888.

Signé : CARNOT.

Par le Président de la République :

Le Ministre de la guerre,

Signé : C. DE FREYCINET.

Loi *relative au recrutement des sous-lieutenants de réserve.*

Paris, le 26 juin 1888.

LE SÉNAT ET LA CHAMBRE DES DÉPUTÉS ONT ADOPTÉ,

LE PRÉSIDENT DE LA RÉPUBLIQUE PROMULGUE LA LOI dont la teneur suit :

Art. 1er. Pourront être nommés au grade de sous-lieutenant dans le cadre des officiers de réserve, s'ils ont été proposés pour ce grade par leurs chefs directs :

1º Les sous-officiers appartenant par leur âge à la réserve de l'armée active qui satisferont à certaines conditions d'aptitude déterminées par le Ministre de la guerre ;

2º Les anciens engagés conditionnels d'un an appartenant par leur âge à la réserve de l'armée active, qui satisferont à des exa mens déterminés par le Ministre de la guerre.

Art. 2. Pourront être nommés au grade de sous-lieutenant dans l'armée territoriale, s'ils ont été proposés pour ce grade par leurs chefs directs :

1º Les sous-officiers appartenant par leur âge à l'armée territoriale ou à sa réserve, qui satisferont à certaines conditions d'aptitude déterminées par le Ministre de la guerre ;

2º Les anciens engagés conditionnels d'un an appartenant par leur âge à l'armée territoriale ou à sa réserve, qui satisferont à des examens déterminés par le Ministre de la guerre.

Art. 3. Selon les besoins du service, le Ministre de la guerre est autorisé à affecter, en cas de mobilisation, au service de l'armée territoriale, les sous-lieutenants et les sous-officiers de la réserve de l'armée active. Ces officiers et sous-officiers n'en resteront pas moins soumis, en temps de paix, à toutes les obligations de leur classe.

Art. 4. Par mesure transitoire applicable jusqu'au 31 décembre 1888, et afin de compléter les cadres des sous-lieutenants de réserve à l'effectif réglementaire, le Ministre de la guerre est autorisé à admettre à concourir pour ce grade, à défaut des sous-officiers régulièrement proposés, les engagés conditionnels classés depuis un an au moins dans la disponibilité qui auraient obtenu les notes « très bien » et « bien » à leur départ du régiment.

L'admission au concours se fera, selon les besoins du service, par classes d'appel, en commençant par la classe la plus ancienne.

Art. 5. Sont abrogées les dispositions contraires à la présente loi contenues dans les articles 55 de la loi du 13 mars 1875 et 31 de la loi du 24 juillet 1873.

La présente loi, délibérée et adoptée par le Sénat et par la Chambre des députés, sera exécutée comme loi de l'Etat.

Fait à Paris, le 26 juin 1888.

Signé : CARNOT.

Par le Président de la République :

Le Ministre de la guerre,

Signé : C. DE FREYCINET.

Instruction pour l'application de la loi du 26 juin 1888, sur le recrutement des sous-lieutenants de réserve de l'armée active, de l'armée territoriale et de sa réserve.

Paris, le 2 juillet 1889.

TITRE PREMIER.

DISPOSITIONS GÉNÉRALES.

Art. 1er. L'aptitude technique des candidats présentés pour le grade de sous-lieutenant de réserve ou de l'armée territoriale, quelle que soit leur origine, est constatée au moyen d'un examen passé devant une commission spéciale instituée dans chaque corps de troupe de l'armée active, et composée de trois officiers, dont un officier supérieur, président.

Ces officiers sont désignés par les généraux de brigade sur la présentation du chef de corps.

Les sous-officiers appartenant aux unités formant corps, commandées par un capitaine, sont présentés devant la commission d'un corps voisin, de même arme, désigné par le général commandant le corps d'armée.

Art. 2. Pour chaque arme, l'examen porte exclusivement sur les matières insérées au programme correspondant, annexé à la présente instruction.

Les candidats qui obtiennent une note moyenne égale ou supérieure à 10 reçoivent un certificat d'aptitude technique, et sont seuls proposés par leur chef de corps pour le grade de sous-lieutenant de réserve ou de l'armée territoriale.

Ceux qui échouent aux examens peuvent concourir de nouveau dans les conditions prescrites par les articles 6, 7, 8 et 10 ci-après :

Art. 3. Les mémoires de proposition accompagnés :

1º D'une feuille individuelle ;
2º Du certificat d'aptitude technique ;
3º De la demande du candidat,

sont transmis au Ministre (bureau de l'arme).

Ils sont renvoyés, en temps opportun, au général commandant le corps d'armée de la résidence.

Cet officier général fait recueillir les divers renseignements qui, en dehors de la question d'instruction militaire, permettent d'apprécier pour chacun des candidats la convenance de lui conférer le grade de sous-lieutenant.

A la suite de cette enquête, il inscrit sur un état récapitulatif, établi par arme, les candidats dont la proposition lui paraît devoir être maintenue, fait compléter leurs dossiers au moyen d'un extrait d'acte de naissance et d'un extrait de casier judiciaire sur papier libre, et envoie le tout au Ministre (bureau de l'arme).

Les candidats dont la proposition n'est pas maintenue figurent sur un état récapitulatif spécial, qui est également transmis au Ministre (bureau de l'arme), mais leurs dossiers ne sont pas complétés par l'adjonction des deux pièces ci-dessus.

Pour tous les candidats en résidence sur le territoire de leur corps d'armée d'affectation, à l'exception, toutefois, des sous-officiers proposés à l'inspection générale, l'enquête prescrite au § 3 du présent article est faite antérieurement à la transmission des mémoires de proposition.

Les candidats dont la proposition a été maintenue par les généraux commandant les corps d'armée ne peuvent être nommés au grade de sous-lieutenant (réserve ou armée territoriale), que lorsqu'ils remplissent les autres conditions respectivement exigées par les articles 1 et 2 de la loi du 26 juin 1888.

TITRE II.

SOUS-OFFICIERS.

---

§ 1er. — *Réserve.*

Art. 4. Chaque année, au moment de l'inspection générale, les chefs de corps proposent pour le grade de sous-lieutenant de réserve les sous-officiers qui doivent être renvoyés dans leurs foyers en même temps que la classe, et dont l'aptitude technique a été constatée. L'inspecteur général transmet ces propositions au Ministre, avec le travail d'inspection.

Les propositions qu'il y a lieu d'établir en faveur de sous-officiers quittant le corps entre le départ de la classe et l'époque de l'inspection générale suivante sont transmises au Ministre (bureau de l'arme) au titre du service courant.

Art. 5. Les sous-officiers du génie peuvent être proposés, soit pour le génie, soit pour l'infanterie.

Art. 6. Les sous-officiers qui n'ont pas été proposés pour le grade de sous-lieutenant de réserve, au moment de leur renvoi dans leurs foyers, peuvent l'être au cours de leur première période d'instruction dans les conditions indiquées aux articles 1, 2 et 3 ci-dessus.

Ils peuvent, sur leur demande, être autorisés à accomplir cette période d'instruction, par devancement d'appel, immédiatement après leur passage dans la réserve.

§ II. — *Armée territoriale.*

Art. 7. Les sous-officiers de réserve peuvent, dans les mêmes conditions, être proposés pour le grade de sous-lieutenant de l'armée territoriale, pendant leur dernière période d'instruction dans la réserve.

Art. 8. Les sous-officiers de l'armée territoriale peuvent, pendant leur période d'instruction, être proposés pour le grade de sous-lieutenant.

Ils passent l'examen devant la commission du corps actif correspondant, convoquée à cet effet par le général de brigade, avant la fin de la période d'instruction.

Les propositions sont ensuite établies conformément aux prescriptions des articles 2 et 3.

Les dispositions finales de l'article 6 sont applicables aux sous-officiers de l'armée territoriale.

TITRE III.

ENGAGÉS CONDITIONNELS.

---

§ Ier. — *Réserve.*

Art. 9. Les commissions d'examen prévues à l'article 1er se réunissent, en principe, chaque année, le premier lundi du mois de juin, et le premier lundi du mois de décembre, pour constater l'aptitude des anciens engagés conditionnels d'un an au grade de sous-lieutenant de réserve.

Ceux de ces militaires qui ont obtenu, à la fin de leur année de volontariat, un certificat d'instruction portant la mention « susceptible de concourir pour le grade de sous-lieutenant de réserve », peuvent se présenter à la session qui précède l'époque de leur passage dans la réserve.

Ils sont autorisés, sur leur demande et dans les conditions admises pour les officiers de réserve et pour les officiers de l'armée territoriale, par l'instruction du 8 avril 1889 (chap. 1er, § 2), à participer, un mois avant l'examen, aux exercices militaires d'un corps de troupe de l'arme à laquelle ils se destinent.

Art. 10. Les anciens engagés conditionnels d'un an, visés à l'article précédent, qui désirent prendre part aux examens, en font la demande, avant le 15 avril ou le 15 octobre, au général commandant le corps d'armée de leur résidence.

Ils joignent à leur demande :

Le certificat d'instruction militaire;

L'extrait de l'acte de naissance, sur papier libre;

L'extrait du casier judiciaire, sur papier libre.

Le général commandant le corps d'armée fait procéder à l'enquête prescrite (art. 3).

Si le résultat de cette enquête est favorable, il convoque le candidat au centre de l'examen le plus rapproché de sa résidence.

Le dossier de chaque candidat reconnu apte est transmis au chef du corps d'affectation, qui se conforme, pour l'établissement et l'envoi des propositions, aux prescriptions de l'article 3.

Art. 11. Les anciens engagés conditionnels d'un an de la cavalerie peuvent être proposés, soit au titre de la cavalerie, soit au titre du train des équipages militaires, soit *exceptionnellement* au titre de l'artillerie, à la condition de satisfaire aux examens prescrits pour l'arme à laquelle ils se destinent.

Ceux du génie ne peuvent être proposés que pour l'infanterie.

Art. 12. Les dispositions de l'article 6 sont applicables aux anciens engagés conditionnels d'un an dont le certificat d'instruction militaire ne porte pas la mention : « Susceptible de concourir pour le grade sous-lieutenant de réserve. »

§ II. — *Armée territoriale.*

Art. 13. — Les dispositions des articles 8, 9, 10 et 12 concernant les anciens engagés conditionnels d'un an, candidats au grade de sous-lieutenant de réserve, sont applicables aux anciens engagés conditionnels d'un an, candidats au grade de sous-lieutenant de l'armée territoriale.

Dispositions transitoires.

Art. 14. *Réserve.* — Par mesure transitoire, les anciens engagés conditionnels d'un an des 10e, 11e et 12e appels, actuellement classés dans la réserve, et ceux des 13e, 14e, 15e et 16e appels, au fur et à mesure de leur passage dans cette catégorie de l'armée, pourront, quelle que soit la note obtenue par eux à la fin de leur année de volontariat, être autorisés à concourir pour le grade de sous-lieutenant de réserve dans les conditions prescrites article 10.

Armée territoriale. — Les anciens engagés conditionnels d'un an des huit premiers appels, appartenant actuellement à l'armée territoriale ou à sa réserve, et ceux du neuvième appel, lorsqu'ils passeront dans l'armée territoriale, pourront, dans les mêmes conditions, être autorisés à concourir pour le grade de sous-lieutenant de l'armée territoriale.

Dispositions spéciales

AU RECRUTEMENT DES CADRES AUXILIAIRES DE L'INTENDANCE.

Art. 15. Le recrutement des sous-lieutenants du cadre auxiliaire de l'intendance s'effectue dans les conditions déterminées par la loi du 26 juin 1888, et par le règlement ministériel du 3 février 1889. Le dernier paragraphe de l'article 4 de ce règlement est modifié comme suit :

« Les sous-lieutenants se recrutent, *par voie de concours*, parmi les anciens sous-officiers et les anciens engagés conditionnels d'un an appartenant à la réserve, et proposés par leurs chefs directs. Les connaissances exigées des candidats sont indiquées par le programme n° 2 annexé au présent règlement. »

Art. 16. Les dispositions antérieures, concernant le recrutement des sous-lieutenants de réserve et des sous-lieutenants de l'armée territoriale, contraires à la présente instruction, sont abrogées.

APPROUVÉ :

Le Ministre de la guerre,

Signé : C. DE FREYCINET.

Règlement ministériel déterminant les conditions imposées aux dispensés visés par les articles 21, 22 et 23 de la loi du 15 juillet 1889 pour être admis à concourir pour le grade de sous-lieutenant de réserve.

Paris, le 9 novembre 1890.

Art. 1er. Les jeunes gens visés par les articles 21, 22 et 23 de la loi du 15 juillet 1889 sont incorporés, autant que possible, dans les corps de troupe les plus voisins de leur domicile. Ils sont soumis à toutes les obligations imposées aux hommes présents sous les drapeaux.

Art. 2. Ceux de ces militaires qui sont jugés susceptibles de recevoir de l'avancement sont instruits avec les élèves-caporaux ou brigadiers et peuvent être promus au grade de caporal ou de brigadier.

Toutefois, les promotions dont ils sont l'objet sont calculées de manière à ne pas compromettre pour l'avenir le recrutement des cadres du corps.

Art. 3. Pendant les derniers mois de leur séjour sous les drapeaux, ceux d'entre eux, gradés ou non, qui paraissent présenter les garanties d'instruction et d'aptitude nécessaires pour devenir officiers de réserve, suivent des cours spéciaux destinés à compléter leurs connaissances professionnelles.

Art. 4. Avant leur renvoi dans leurs foyers, ceux qui satisfont à un examen de fin d'année reçoivent un certificat d'aptitude au grade de sous-officier, et le grade de caporal ou de brigadier est conféré aux titulaires de ce certificat, s'ils n'y ont déjà été promus.

Ce certificat ne leur confère d'ailleurs aucun droit au grade de sous-lieutenant de réserve.

Art. 5. Pendant la période d'exercices de quatre semaines à laquelle sont astreints les dispensés de l'article 23, quelques nominations de sous-officier sont faites dans les limites fixées par le Ministre, parmi les caporaux ou brigadiers pourvus du certificat d'aptitude.

Art. 6. Les dispensés des articles 21 et 22, qui ont satisfait aux conditions spécifiées à l'article 4 du présent règlement, ne peuvent être assimilés à ceux de l'article 23 que s'ils accomplissent un stage de quatre semaines à la même époque que ces derniers.

Art. 7. Au cours de leur deuxième année de service dans la réserve, les sous-officiers nommés dans ces conditions qui désirent concourir pour le grade d'officier de réserve accomplissent, par devancement d'appel, une période d'instruction pendant laquelle ils subissent l'examen prévu par l'instruction du 2 juillet 1889 et sont proposés, s'il y a lieu, pour sous-lieutenants de réserve. Ils sont classés par corps de troupe, d'après le résultat de l'examen.

Le nombre des propositions est limité par le Ministre d'après le chiffre des emplois auxquels il doit être pourvu chaque année.

Art. 8. Les nominations sont faites suivant les besoins, et les sous-lieutenants de réserve promus sont affectés, en principe, au corps de troupe dans lequel ils ont servi antérieurement et où ils ont accompli leurs différentes périodes d'exercices.

Art. 9. Les programmes d'instruction et les conditions dans lesquelles ils sont appliqués font l'objet de prescriptions spéciales à chaque arme.

Signé : C. DE FREYCINET.

Note ministérielle relative aux réunions militaires auxquelles les officiers de réserve et de l'armée territoriale doivent toujours être admis en tenue, et aux moyens de publicité à employer pour faire connaître ces réunions aux intéressés.

Paris, le 3 septembre 1894.

Les officiers de réserve et de l'armée territoriale doivent toujours être, sans invitation spéciale, admis en tenue, à la gauche des officiers sans troupes, à toutes les revues extérieures, réunions officielles ou cérémonies officielles où figurent les officiers de la garnison.

En raison de l'impossibilité de porter individuellement à la connaissance des officiers de réserve et de l'armée territoriale intéressés les revues, réunions ou cérémonies dont il s'agit, elles feront l'objet de communications qui seront affichées à la porte extérieure des bureaux de la place où elles devront avoir lieu.

Ces avis seront, en outre, affichés aux portes extérieures des préfectures, des sous-préfectures et des mairies dépendant de la place où auront lieu les revues, réunions ou cérémonies. A cet effet, MM. les gouverneurs militaires de Paris et de Lyon et les généraux commandant les corps d'armée transmettront, en temps utile, les indications nécessaires à MM. les préfets intéressés.

Les dispositions qui précèdent seront rappelées aux officiers de réserve et de l'armée territoriale au cours des périodes d'appel et des stages pour lesquels ils seront convoqués; ces officiers seront, en conséquence, invités à consulter les affiches dont il est question ci-dessus, afin d'être exactement renseignés au sujet des jours et heures des revues, réunions et cérémonies auxquelles ils voudront assister.

Signé : C. DE FREYCINET.

PROGRAMME

des connaissances exigées des candidats au grade de sous-lieutenants de réserve et de sous-lieutenant dans l'armée territoriale.

Infanterie.

1° EXAMEN THÉORIQUE.

Manœuvres. — Ecole du soldat et de compagnie. (Titres I, II et III du règlement du 29 juillet 1884, modifié par décision du 3 janvier 1889.)

Tir. — Règlement du 1er mars 1888 sur l'instruction du tir. Instruction sur l'armement et les munitions, 1re partie seulement.

Service intérieur (1). — Règlement du 28 décembre 1883 sur le service intérieur des troupes d'infanterie.

Service des places (1). — Règlement du 4 octobre 1891 sur le service dans les places de guerre et les villes de garnison.

Service en campagne (1). — Règlement du 26 octobre 1883 sur le service des armées en campagne, et instruction du 9 mai 1885 sur le service de l'infanterie en campagne.

Transport des troupes par les voies ferrées. — Instruction spéciale pour le transport des troupes d'infanterie par les voies ferrées.

Administration et comptabilité (d'une compagnie et d'un détachement en temps de paix et en campagne).

Législation. — Principales dispositions des lois sur le recrutement, l'organisation et les cadres de l'armée et des décrets des 31 août 1878, 3 février 1880, 31 juillet 1881 et 25 juin 1888, sur l'état et l'avancement des officiers de réserve et de l'armée territoriale.

Dispositions relatives aux hommes de la réserve et de l'armée territoriale.

Notions sommaires de fortification passagère. — Nomenclature et usage des outils en campagne.

Divers retranchements employés (abri et trou de tirailleurs, tranchée-abri ; retranchement rapide, retranchement ordinaire). Tracé, dimensions des ateliers ; conduite du travail.

---

(1) Devoirs et attributions des officiers subalternes, des sous-officiers, des caporaux et des soldats.

Revêtements. — (Gabions, fascines, gazon) défenses accessoires (abatis, réseau de fils de fer, palissades).

Organisation défensive des obstacles qui se trouvent à la surface du sol. Organisation défensive d'une maison. Emploi des explosifs pour renverser un mur, un arbre, une porte.

Notions de topographie. — Lecture des cartes, leur emploi sur le terrain, reconnaissances.

2° EXAMEN PRATIQUE.

Application sur le terrain des connaissances théoriques en ce qui concerne le règlement de manœuvres, le service en campagne.

PROGRAMME

des connaissances exigées des candidats au grade de sous-lieutenant de réserve et de sous-lieutenant dans l'armée territoriale.

Cavalerie.

1° EXAMEN THÉORIQUE.

Manœuvres. — Décret du 31 mai 1882, portant règlement sur les exercices de la cavalerie.

Titre 1er, articles 1, 2, 3 (moins les deux derniers paragraphes : défilé d'une brigade ou d'une division. — Prescriptions pour le défilé d'une troupe composée des trois armes). — Article 4 : § 1er. Principes généraux. — § 3. Instruction des officiers. — § 4. Instruction des sous-officiers. — § 5. Instruction des brigadiers. — § 6. Instruction des recrues.

Du combat à pied. Principes généraux. — Article 5, § 8. Manière de présenter un cheval pour une inspection. — Articles 6 et 7.

Titre deuxième.

Titre troisième (moins l'école du régiment).

Service intérieur. — Décret du 28 décembre 1883, portant règlement sur le service intérieur des troupes de cavalerie (1).

Service des places. — Décret du 4 octobre 1891, portant règlement sur le service dans les places de guerre et les villes de garnison (1).

---

(1) Devoirs et attributions des officiers subalternes, des sous-officiers, des brigadiers et cavaliers.

Service en campagne. — Instruction pratique sur le service de la cavalerie en campagne, approuvée par le ministre] de la guerre le 10 juillet 1884 (1).

Hippologie. — Extérieur. — Tares. — De l'âge. — Robes. — Signalements. — Aplombs. — Ferrure ordinaire. — Symptômes permettant de reconnaître qu'un cheval est malade et premiers soins à lui donner. Traitement des blessures produites par le harnachement et les coups de pied.

Topographie et lecture des cartes. — Lecture des cartes, leur emploi sur le terrain. — Reconnaissances. — Levé à vue.

Tir. — Règlement sur l'instruction du tir des troupes de cavalerie approuvé par le ministre de la guerre le 17 août 1884.

Première partie. Chapitre 1er.
—   Chapitre II, articles 3 et 4.
—   Chapitre III, articles 7 et 8.
Deuxième partie. Chapitres I et III.

Transport des troupes par les voies ferrées. — Règlement général du 1er juillet 1874, modifié par décret du 29 octobre 1884, pour les transports militaires par chemins de fer.

Appendice II. — Règles militaires relatives à l'exécution des transports de cavalerie.

Administration et comptabilité. — (D'un escadron et d'un détachement en temps de paix et en campagne).

Législation. — Principales dispositions des lois sur le recrutement, l'organisation et les cadres de l'armée, et des décrets des 31 août 1878, 3 février 1880, 31 juillet 1881 et 25 juin 1888 sur l'état et l'avancement des officiers de réserve et de l'armée territoriale. Dispositions relatives aux hommes de la réserve et de l'armée territoriale.

Notions sommaires de fortification passagère. — Organisation des tranchées-abris et des trous de tirailleurs. — Organisation de coupures et de barricades avec flanquements pour la défense d'un défilé. Mise en état de défense des murs de clôture, haies, barrières, maisons, fermes, entrées de village, routes, bois.

2° EXAMEN PRATIQUE.

Ecole du cavalier et du peloton à pied.
Ecole du cavalier et du peloton à cheval.
Commandement d'un peloton dans l'escadron.
Application sur le terrain des connaissances théoriques en ce qui concerne le service en campagne.
Equitation.
Escrime.

---

(1) Devoirs et attributions des officiers subalternes, des sous-officiers, des brigadiers et cavaliers.

PROGRAMME

des matières sur lesquelles doivent être examinés les candidats au grade de sous-lieutenant dans la réserve ou l'armée territoriale.

I. — Artillerie.

1° INSTRUCTION THÉORIQUE ET PRATIQUE.

Instruction à pied. — Ecole de la section à pied.

Instruction à cheval. — Ecole du peloton à cheval.

Aptitude à l'équitation. — (Cette aptitude est caractérisée sur le mémoire de proposition par une cote de 0 à 20, indépendamment de l'appréciation d'ensemble sur l'aptitude du candidat aux différents emplois ou au service dans les diverses subdivisions de l'arme).

Règlements sur les manœuvres de batteries attelées. — Titres I, II, III.

Instruction d'artillerie. — Règlement sur le service des bouches à feu de 80 et 90 millimètres. Règlement sur le service des bouches à feu de siège et de place.

(Ce qui est exigé des sous-officiers dans les régiments de campagne seulement.) (1).

Instruction sur la formation des pointeurs. — Cours spécial.

2° RÈGLEMENTS.

Bases générales de l'instruction (2).
Service intérieur (2).
Service dans les places (2).
Service des armées en campagne (2). — Service en campagne de l'artillerie.

3° CONNAISSANCES DIVERSES.

Hippologie.

Notions élémentaires de fortification. — Tranchées-abris. — Retranchements et ouvrages du champ de bataille.

Défenses accessoires.

Organisation d'ensemble des grandes forteresses.

---

(1) Les candidats provenant des sous-officiers de l'artillerie de forteresse seront spécialement examinés sur ce règlement, ainsi que sur les parties du programme relatives au matériel de siège et de place.

(2) Devoirs et attributions des officiers subalternes, des sous-officiers, des brigadiers et des soldats.

Ouvrages détachés. — Locaux divers. — Batteries. — Installation de l'artillerie.

Topographie. — Lecture des cartes. — Leur emploi sur le terrain. — Reconnaissances.

Administration et comptabilité (d'une batterie én temps de paix ł en campagne).

Législation et administration militaires. — Principales dispositions des lois sur le recrutement. — Sur l'organisation et les ładres de l'armée, et des décrets des 31 août 1878, 3 février 1880, 31 juillet 1881 et 25 juin 1888 sur l'état et l'avancement des officiers de réserve et de l'armée territoriale.

Dispositions relatives aux hommes de la réserve et de l'armée territoriale.

Règlement sur le service des officiers d'approvisionnement.

II. — Train des équipages militaires.

1° INSTRUCTION THÉORIQUE ET PRATIQUE.

Instruction à pied. — Ecole de la section à pied.

Instruction à cheval. — Ecole du peloton à cheval.

Le candidat est également examiné au point de vue de l'équitation. Son aptitude est caractérisée sur le mémoire de proposition par une cote de 0 à 20.

Règlement sur la conduite des voitures et des animaux de bât.

2° RÈGLEMENTS.

Bases générales de l'instruction (1).

Service intérieur (1).

Service des armées en campagne (1). — Service spécial du train aux armées.

Service dans les places de guerre et villes de garnison (1).

3° CONNAISSANCES DIVERSES.

Hippologie.

Notions élémentaires de fortification. — Tranchées-abris. — Retranchements et ouvrages du champ de bataille. — Organisation défensive des localités. — Défenses accessoires.

Organisation d'ensemble des grandes forteresses. — Ouvrages détachés. — Locaux divers.

Topographie. — Lecture des cartes, leur emploi sur le terrain. — Reconnaissances.

---

(1) Devoirs et attributions des officiers subalternes, des sous-officiers, des brigadiers et des soldats.

Administration et comptabilité (d'une compagnie et d'un détachement en temps de paix et en campagne).

Législation et administration militaires. — Principales dispositions des lois sur le recrutement, sur l'organisation et les cadres de l'armée, sur l'état et l'avancement des officiers.

Dispositions relatives aux hommes de la réserve et de l'armée territoriale.

Règlement sur le service des officiers d'approvisionnement.

PROGRAMME

des connaissances exigées des candidats au grade de sous-lieutenant dans la réserve ou l'armée territoriale.

Génie.

1° EXAMEN THÉORIQUE.

Les mêmes connaissances que pour l'infanterie, et en sus :

1° *Règlement sur le service intérieur.* — Instruction du 15 mai 1886 relative à l'application aux troupes du génie des décrets du 28 décembre 1883.

2° *Travaux techniques et pratiques du génie aux armées.* — Connaissances enseignées aux sous-officiers dans les régiments du génie ; fortification de campagne, sapes, mines, routes, chemins de fer, ponts militaires. — Travaux des camps.

3° *Notions succinctes sur la fortification permanente.* — Explication du profil d'un rempart (terre-pleins haut et bas, parapet, escarpe, fossé, contrescarpe, glacis, contre-mines). — Flanquement des fossés. — Organisation du parapet pour le tir de l'infanterie et de l'artillerie. — Abris.

Organisation et rôle des diverses parties d'un camp retranché (enceinte continue, forts, ouvrages et batteries intermédiaires). — Organisation et rôle d'un fort isolé.

4° *Chargement des voitures de sapeurs-mineurs et des animaux de bât.*

2° EXAMEN PRATIQUE.

Comme pour l'infanterie, et en sus :

Savoir organiser des ateliers de travailleurs et les disposer pour l'exécution des retranchements les plus usuels.

MINISTÈRE
DE LA GUERRE.

—

ᵉ Direction.

—

ᵉ Bureau.

(1)

(1) Désigner le corps
(2) Nom, prénoms, grade
et emploi.
(3) « Réserve » ou « l'armée territoriale »·

Feuille individuelle concernant le sieur (2)
signalé comme susceptible d'être nommé au grade
de sous-lieutenant de (3)   *résidant.*
à

SIGNALEMENT.	SERVICES SUCCESSIFS		
	CAMPAGNES, BLESSURES ET DÉCORATIONS.		
	Grades et emplois.	Corps.	Dates.
Numéro du registre matricule...	Entré au service comme		
Nom			
Prénoms			
Surnom			
Dernier domicile			
Département d			
Profession d			
Fils d			
Et de			
Domiciliés à			
Département d			
Né le			
à			
canton			
département d	Libérable du service actif le		
Taille de 4 mètre millimètres			
Visage....................			
Front....................			
Yeux....................			
Nez....................			
Bouche....................	Campagnes..... {		
Menton....................			
Cheveux....................			
Sourcils....................			
Marques particulières	Blessures, actions d'éclat, cita - tions, etc..... {		
Marié le			
à demoiselle			
domiciliée à			
département d			
Nombre d'enfants.........	Décorations et médailles..... {		

Relevé des punitions du sieur

DATES des PUNITIONS.	GRADE.	GENRE DE PUNITIONS ET NOMBRE DE JOURS.				PAR QUI LES PUNITIONS ont été infligées.	MOTIFS DES PUNITIONS.
		Consigne.	Salle de police.	Prison.	Cellule.		
TOTAUX.....							
TOTAL GÉNÉRAL.							

Notes particulières sur le sieur

Constitution, santé. . . . .

Tenue extérieure. . . . .

Conduite et moralité. . . . .

Caractère. . . . ; . . . .

Intelligence et aptitude . . . .   .

Manière de servir . . . .

Instruction.
{
Langues étrangères . . . .

Comptabilité. . . . .

militaire. . { théorique. . . . .

pratique. . . . .

Équitation. . . . . • . . . . .
}

A   , le   18

Le Chef de corps,

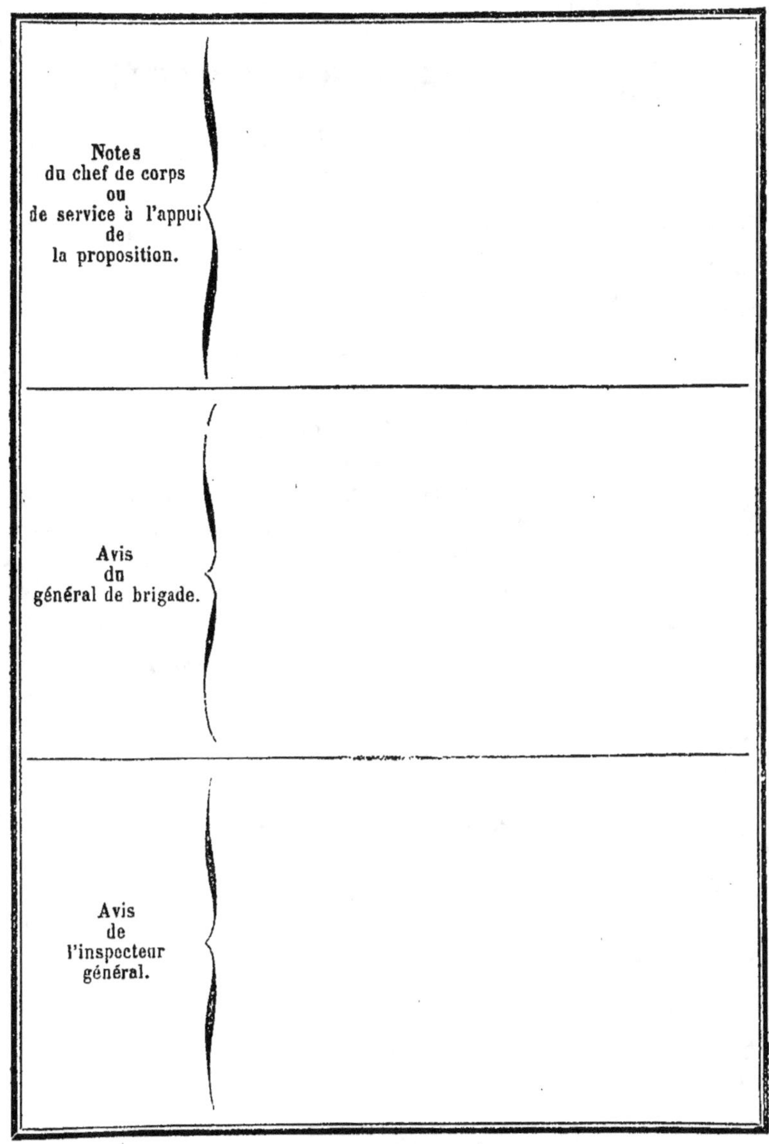

A   , le   18   .

Le Général de brigade,   *L'Inspecteur général,*

° CORPS D'ARMÉE.

° DIVISION.

° BRIGADE.

(1)

(1) Régiment ou service.

(2) Réserve ou l'armée territoriale.

(3) Arme.

(4) Nom, prénoms, grade et corps ou service.

CERTIFICAT D'APTITUDE

AU GRADE DE SOUS-LIEUTENANT

DE (2)

(3)

Le Président de la Commission d'examen du (1) certifie que M. (4)

a été reconnu apte au grade de sous-lieutenant de (2)   , et qu'il a obtenu la note moyenne

A   , le   18 .

Le Président de la Commission,

VU :

Le Chef de corps ou de service,

(1)

ENGAGÉS CONDITIONNELS

DE PREMIÈRE ANNÉE.

CERTIFICAT D'INSTRUCTION MILITAIRE.

Le général commandant (2)

Vu les articles 56 et 58 de la loi du 27 juillet 1872 sur le recrutement de l'armée ;

Vu l'article 17 du règlement ministériel du 14 octobre 1875 concernant les engagés conditionnels ;

Vu les rapports de la commission d'examen d (1)   instituée conformément au règlement précité,

Certifie que le nommé (nom, prénoms, surnoms, signalement, état civil, profession antérieure), engagé conditionnel d'un an, en vertu de l'article (53 ou 54), incorporé à (1)
(3)
a satisfait aux examens de fin d'année prescrits par l'article 56 de la loi du 27 juillet 1872.

Ce militaire a mérité à ses examens la note (4) et a été jugé susceptible de
(5)

Le présent certificat tient lieu de certificat de bonne conduite.

A   , le   18 .

Le Général de brigade commandant (2)

---

(1) Régiment, bataillon, escadron ou section.

(2) La subdivision ou la brigade d'artillerie.

(3) Position dans le corps.

(4) Assez bien, bien, très bien, parfaitement.

(5) Remplir un emploi de sous-officier, caporal ou brigadier, ou de concourir pour le grade de sous-lieutenant de réserve.

• CORPS D'ARMÉE.
———

RÉSIDENCE DU CANDIDAT.

1° Commune d
2° Canton d
3° Département d

(1)

———

(2)

———

(1) Réserve de l'armée active ou armée territoriale.

(2) Arme,
Infanterie.
Cavalerie.
Artillerie.
Train des équipages militaires.
Génie.
Intendance et personnel administratif.

MÉMOIRE de proposition pour le grade de
en faveur de M.   , né le   d

RENSEIGNEMENTS AU POINT DE VUE DU RECRUTEMENT.	INDICATIONS RELATIVES AUX SERVICES antérieurs du candidat.	DURÉE DES SERVICES, campagnes et blessures.			FAITS DE GUERRE méritant d'être cités.	EXTRAIT DES NOTES.		OBSERVA- TIONS.
		Ans.	Campagnes.	Blessures.				
1° Classe à laquelle appartient le candidat. } Recrutement. Mobilisation. 2° Subdivision de recrutement dans laquelle il a satisfait à la loi. 3° Canton du tirage au sort et numéro de tirage.	1° Dernier grade ; 2° Grade dans la Légion d'honneur. 3° Marié ou célibataire. 4° Physique. (Indiquer s'il peut faire campagne et s'il sait monter à cheval.) 5° Taille pour les candidats de la cavalerie.					1° Conduite, principes, tenue. 2° Position sociale ou profession.	(A) Appréciation générale de la valeur du candidat. (B) Subdivision de l'arme à laquelle le candidat paraît devoir être affecté.	
							(A)	
							(B)	

A   le   , 18   .

Le Général commandant le   ° corps d'armée,

MINISTÈRE
DE LA GUERRE.

° DIRECTION

• Bureau.

ÉTAT RÉCAPITULATIF

*des candidats proposés pour le grade de sous-lieutenant
de (1)*

(2)

NOTA. — Il est établi un état distinct pour chaque arme ou service.

(1) « Réserve » *ou* « armée territoriale ».
(2) Arme.

NOMS ET PRÉNOMS. — CLASSE { DE RECRUTEMENT. DE MOBILISATION. — Position sociale ou profession.	Durée des services.	Campagnes.	Blessures.	RÉSIDENCE. — 1º Commune. 2º Canton. 3º Département.	NOTES ET OPINIONS DU GÉNÉRAL COMMANDANT le corps d'armée. 1º Conduite. 2º Principes. 3º Tenue.	Appréciation de la valeur générale du candidat.	OBSERVATIONS.

A   , le   18   .

Le Général commandant le corps d'armée,

MINISTÈRE
DE LA GUERRE.

° DIRECTION.

• Bureau.

ÉTAT RÉCAPITULATIF

des candidats au grade de sous-lieutenant (1)
dont la proposition ne peut être maintenue.

(2)

NOTA. — Il est établi un état distinct pour chaque arme ou service.

(1) « Réserve » *ou* « l'armée territoriale ».
(2) Arme.

NOMS ET PRÉNOMS. CLASSE { de recrutement. / de mobilisation. Position sociale ou profession.	RÉSIDENCE. 1° Commune. 2° Canton. 3° Département.	MOTIFS DE L'EXCLUSION.

A   , le   48

Le Général commandant le   corps d'armée,

LIBRAIRIE MILITAIRE DE L. BAUDOIN

30, RUE ET PASSAGE DAUPHINE, A PARIS

INFANTERIE

Règlement du 29 juillet 1884, modifié par décision ministérielle du 3 janvier 1889 sur l'exercice et les **manœuvres de l'infanterie.**

> Titres I et II : *Bases de l'instruction. — Ecole du soldat,* 1 vol. in-18, cartonné. .... 75 c.
> > Relié toile. .... 1 fr.
> Titre III : *Ecole de compagnie,* in-18 cartonné. .... 60 c.
> > Relié toile. .... 80 c.
> Titre IV : *Ecole de bataillon,* in-18, cartonné. .... 60 c.
> > Relié toile. .... 80 c.
> Titre V : *Ecole de régiment,* in-18, cartonné. .... 75 c.
> > Relié toile. .... 1 fr.

Règlement sur l'instruction du tir, approuvé le 1er mars 1888. Paris, 1890, 1 vol. in-18, cartonné. .... 60 c.
> Relié toile. .... 80 c.

Instruction sur l'armement, les munitions, les champs de tir et le matériel de l'infanterie. Paris, 1891, 1 vol. in-16 avec figures, cartonné. .... 60 c.

Décret du 28 décembre 1883 portant règlement sur le **service intérieur des troupes d'infanterie** (seule édition composée et collationnée sur le manuscrit original. Paris, 1892, in-18, cartonné. .... 1 fr. 50

Instruction du 9 mai 1885 **sur le service de l'infanterie en campagne,** mise à jour. Paris, 1892, 1 vol. in-18 cartonné. .... 75 c.

Transport des troupes d'infanterie et du génie par les voies ferrées, *édition conforme au décret du 1er juillet 1874 modifié le 29 octobre 1884 et à la décision ministérielle du 20 juillet 1888.* Paris, 1891, 1 vol. in-18, cartonné. .. 1 fr.
> Relié toile. .... 1 fr. 25

CAVALERIE

Décret du 31 mai 1882 portant règlement sur les **Exercices de la cavalerie,** revisant et complétant le décret du 17 juillet 1876. Paris, 1890, 2 vol. in-18 cartonnés. .... 3 fr.

Décret du 28 décembre 1883 portant règlement sur le **service intérieur des troupes de cavalerie** (Seule édition composée et collationnée sur le manuscrit original). Paris, 1884, 1 vol. in-18, cartonné. .... 1 fr. 50

Instruction pratique sur le service de la cavalerie en campagne (10 juillet 1884). *Nouvelle édition,* modifiée d'après les notes ministérielles des 29 avril 1886, 4 mars 1887 et 27 juillet 1888. *Texte complètement refondu.* Paris, 1891, 1 vol. in-18 cartonné. .... 1 fr.

Cours abrégé d'hippologie, à l'usage des sous-officiers, des brigadiers et élèves brigadiers des corps de troupes à cheval, rédigé par les soins de la commission hippique, approuvé par le Ministre de la guerre, le 2 avril 1875, et mis en concordance avec la réglementation le 22 mai 1888. Paris, 1892, 1 vol. in-18. .... 1 fr. 50

Règlement du 17 août 1884 **sur l'instruction du tir des troupes de cavalerie,** Paris, 1884, 1 vol. in-18 avec figures, cartonné. .... 1 fr.

Instruction provisoire pour le maniement et l'emploi de la **carabine modèle 1890**, approuvée par le Ministre de la guerre le 22 février 1891, suivie de la nomenclature, le remontage, l'entretien et la cartouche des carabines modèle 1890 (cavalerie et cuirassiers). Paris, 1891, in-16 cartonné.................... 50 c.

Instruction spéciale du 11 janvier 1889 pour le transport des troupes de cavalerie par les voies ferrées (Extrait du règlement général pour les transports militaires. — Décret du 1er juillet 1874, modifié par le décret du 29 octobre 1884 et la décision du 20 juin 1888). Paris, 1889, 1 vol. in-18 avec planches et tableaux, cartonné.. 1 fr. 25

ARTILLERIE

Bases générales de l'instruction des corps de troupe de l'artillerie, approuvées par le Ministre de la guerre le 19 juin 1889. Paris, 1891, 1 vol. in-18 cartonné.. 75 c.

Règlement sur l'instruction à pied dans les corps de troupe de l'artillerie, approuvé par le Ministre de la guerre, le 25 novembre 1885, et modifié par décision du 24 octobre 1889. Paris, 1890, 1 vol. in-18 cartonné........ 75 c.

Règlement sur l'instruction à cheval dans les corps de troupe de l'artillerie, approuvé par le Ministre de la guerre, le 22 avril 1890. Paris, 1890, 1 vol. in-18 cartonné.. 75 c.

Règlement sur les manœuvres des **batteries attelées,** approuvé par le Ministre de la guerre le 28 décembre 1888. Paris, 1891.
    Titre I, 1 vol. in-18 cartonné................................... 75 c.
    Titre II, 1 vol. in-18 cartonné.................................. 75 c.
    Titres III et IV, 1 vol, in-18 cartonné.......................... 75 c.

Règlement provisoire sur le service des canons de 80 et de 90 millimètres, Ire partie, approuvée par le Ministre de la guerre le 8 novembre 1889. Paris 1889, 1 vol. in-8, cartonné...................... 50 c.

Règlement provisoire du 18 novembre 1878 **sur le service des canons de 80, de 90 et de 95 millimètres.** IIe partie. Paris, 1885, 1 vol. in-18, avec figures, cartonné. .... 3 fr.

Règlement sur le service des bouches à feu de siège et de place, approuvé par le Ministre de la guerre le 6 avril 1889, mis à jour au 1er août 1891. 2e *tirage.*
    Ire partie : Titres I, II, III, IV. Service des bouches à feu. In-12 cartonné. 1 fr. 50
    —   Titre V. Manœuvres de force. In-12 cartonné.......... 2 fr.
    IIe partie : Matériel. In-12 cartonné............................ 1 fr. 50

Instruction spéciale pour le transport des troupes d'artillerie de campagne et de montagne et du train des équipages par chemin de fer, approuvée par le Ministre de la guerre le 8 septembre 1890. Paris, 1891, 1 vol. in-12 cartonné.. 1 fr.

Instruction sur la tenue, le paquetage et le transport des vivres et des sacs des hommes dans les troupes d'artillerie en campagne, approuvée par le Ministre de la guerre le 27 mai 1891. Paris, 1892, in-12 cart., avec figures. 75 c.

Décret du 28 décembre 1883 portant règlement sur le **service intérieur des troupes de l'artillerie et du train des équipages militaires,** modifié en juin 1888. Paris, 1889. In-18 cartonné........................... 1 fr. 50

Instruction sur la formation des pointeurs dans les corps de troupe de l'artillerie, approuvée par le Ministre de la guerre, le 8 novembre 1888. Paris, 1891, 1 vol. in-18 cartonné. .... 75 c.

Nouveau cours spécial à l'usage des candidats au grade de sous-officier dans les corps de troupe de l'**Artillerie** ; par H. **Plessix,** chef d'escadron d'artillerie. 4e édition, 1886. 1 vol. in-8 avec 198 planches intercalées dans le texte, br. 12 fr.
    Cartonné toile... 13 fr.

Cours spécial à l'usage des sous-officiers d'artillerie ; nouvelle édition mise à jour (janvier 1888) ; approuvé par le Ministre de la guerre le 20 juillet 1881. Paris, 1888, 1 vol. in-8 de XXXI-254 pages avec de nombreuses figures. ... 3 fr.

Instruction sur l'emploi de l'artillerie dans le combat, approuvée par le Ministre de la guerre le 1er mai 1887. Paris, 1890, broch. in-18......... 50 c.

Éléments d'administration d'une batterie d'artillerie. Questionnaire rédigé à l'usage des officiers de réserve, des sous-officiers comptables et des engagés conditionnels d'un an. 4e édition. Paris, 1885, 1 vol. in-18.............. 1 fr.

Ministère de la guerre. — **Manuel** méthodique et pratique **d'administration et de comptabilité** pour les commandants de batteries ou compagnies de l'armée territoriale, pendant les périodes d'exercice. Paris, 1889, broch. in-18..... 25 c.

TRAIN DES ÉQUIPAGES

Bases générales de l'instruction des troupes du train des équipages militaires, 1re *édition* (1er mai 1891). Paris, 1891, petit in-8 cartonné... 90 c.

Règlement du 25 décembre 1886 **sur l'instruction à pied dans les escadrons du train** des équipages militaires. Paris, 1888, 1 vol. in-18 cart.. 75 c.

Règlement du 11 juillet 1887 **sur l'instruction à cheval dans les escadrons du train** des équipages militaires. Paris, 1888, 1 vol. in-18 cart.. 75 c.

Règlement sur le service du train des équipages militaires. Ire partie : *Conduite des voitures,* approuvée par le Ministre de la guerre le 25 mars 1891. Paris, 1891, in-12 cartonné... 1 fr. 50

IIe partie : *Conduite des mulets de bât,* approuvée par le Ministre de la guerre le 25 mars 1891. Paris, 1891, in-12 cartonné................................ 60 c.

GÉNIE

Aide-mémoire de Laisné à l'usage des officiers du génie. 5e édition, refondue et publiée par ordre du Ministre de la guerre. Paris, 1884, in-12 avec nombreuses figures dans le texte.

Chapitre Ier. Sciences pures et appliquées. — Résultats d'expériences...... 1 fr. 60
    —   II. Levers et reconnaissances............................ 1 fr. 40
    —   III. Machines et constructions militaires..................... 2 fr. 10
    —   IV. Armes en service. — Tir et pénétration des projectiles. — Matériel d'artillerie... 1 fr. 40
    —   V. Ponts militaires... 1 fr. 20
    —   VI. Mines.. 1 fr. 20
    —   VII. Sapes.. 0 fr. 60
    —   VIII. Fortification de campagne............................ 1 fr. 20
    —   IX. Communications... 1 fr. 80
    —   X. Attaque et défense des places.......................... 1 fr. 00
    —   XI. Personnel et matériel du génie............. (*Sous presse.*)
    —   XII. Service en campagne des officiers et des troupes du génie..... 0 fr. 60
    —   XIII. Lois, décrets et règlements concernant le service du génie. (*Sous presse.*)

(*L'ouvrage complet se composera de 13 chapitres.*)

A L'USAGE DES TROIS ARMES

Décret du 4 octobre 1891 portant règlement sur le **service dans les places de guerre et les villes ouvertes**. Paris, 1891, 1 vol. in-18, cartonné.. 1 fr. »
Relié toile. .... 1 fr. 25
Edition in-8 avec de grandes marges........................... 1 fr. 50

Décret du 26 octobre 1883 portant règlement sur le **service des armées en campagne**. (Seule édition composée et collationnée sur le manuscrit original.) Paris, 1888, in-cartonné .... 1 fr.

CONNAISSANCES DIVERSES

Aide-mémoire pratique d'administration à l'usage des **sous-officiers comptables** et **élèves comptables** des compagnies, escadrons ou batteries (*Armée active et territoriale*); par A.-C. **Crave**, capitaine-trésorier au 112e régiment d'infanterie. Paris, 1891, in-18 cartonné. .... 1 fr.

Manuel pour l'exécution des travaux de fortification de campagne par les troupes d'infanterie et de cavalerie, rédigé conformément aux instructions ministérielles, par un capitaine d'infanterie. Paris, 1889, 1 vol. in-12 avec 187 figures dans le texte... 2 fr. 50
Relié. .... 3 fr. »

Travaux de campagne. — Résumé des conférences faites à l'École du génie de Versailles, pour les capitaines d'infanterie détachés à cette Ecole; par des officiers de l'Ecole régimentaire de Versailles et du 1er régiment du génie. 2e édition, refondue et renfermant toutes les matières du programme ministériel du 23 mars 1878. Paris, 1885, 1 vol. in-12 avec 253 figures................ 5 fr.

Cours pratique de topographie, de lecture des cartes et de connaissance du terrain à l'usage des sous-officiers, caporaux, élèves des pelotons d'instruction et engagés conditionnels; par J. **Dennery**, commandant d'infanterie breveté. 2e *édition mise à jour*. Paris, 1889, in-4, cartonné, avec fig. et croquis. 2 fr.

Instruction élémentaire sur la topographie, à l'usage des officisrs, des sous-officiers proposés pour l'avancement et des engagés conditionnels d'un an, d'après le programme fixé par la décision ministérielle du 30 septembre 1874; par Ed. **Rouby**, lieutenant-colonel d'état-major. 3e édition, revue et augmentée d'une table analytique. Paris, 1888, 1 vol. in-18, avec figures et planches........ 3 fr.

Petit traité élémentaire de topographie pratique, à l'usage des sous-officiers, caporaux et élèves; par L. **Hennequin**, lieutenant d'infanterie. Ouvrage couronné par la Société nationale de topographie pratique. Paris, 1887, brochure in-8... 50 c.

Notions pratiques pour les petites opérations de la guerre, extraites des *Avant-postes de cavalerie* du général de **Brack**, à l'usage des cadres inférieurs de l'infanterie, par A. **Cordier**, lieutenant au 134e régiment d'infanterie. Paris, 1887, broch. in-18... 40 c.

Instruction et commandement d'une compagnie d'infanterie, par le capitaine **Cordier**, du 152e régiment d'infanterie. Paris, 1892, broch. in-18 avec figure. .... 1 fr. 50

Aide-mémoire pratique à l'usage des **officiers et assimilés de réserve** et de l'armée territoriale et des candidats à ces grades; par M. **Desvoyes**, capitaine de recrutement à Versailles. Paris, 1885, 1 vol. in-18.................. 2 fr.

Guide du soldat d'infanterie dans l'armée active, la réserve et l'armée territoriale, par le lieutenant **Casanova**, instructeur à l'Ecole militaire préparatoire d'infanterie des Andelys. Paris, 1892, 1 vol. in-18 cartonné avec figures et planche en couleurs. .... 75 c.

Paris. — Imprimerie L. Baudoin, 2, rue Christine.